DESTRUA ESTE DIÁRIO

CRIAR É ESCULHAMBAR

DE KERI SMITH

TRADUÇÃO DE
ROGÉRIO DURST

D1662928

intrínseca

TÍTULO ORIGINAL
WRECK THIS JOURNAL

PREPARAÇÃO
GUILHERME SEMIONATO

LETTERING E DIAGRAMAÇÃO
Ô DE CASA

CIP-BRASIL. CATALOGAÇÃO-NA-FONTE
SINDICATO NACIONAL DOS EDITORES DE LIVROS, RJ

S646D

SMITH, KERI
    DESTRUA ESTE DIÁRIO / TEXTO E ILUSTRAÇÕES KERI SMITH; TRADUÇÃO ROGÉRIO
DURST. - 1. ED. - RIO DE JANEIRO: INTRÍNSECA, 2013.

    224 P.: IL.; 21 CM.
    TRADUÇÃO DE: WRECK THIS JOURNAL : TO CREATE IS TO DESTROY
    ISBN DA EDIÇÃO CAPA SACO DE PÃO: 978-85-8057-416-6
    ISBN DA EDIÇÃO CAPA VERMELHA: 978-85-8057-576-7
    ISBN DA EDIÇÃO CAPA SILVER TAPE: 978-85-8057-574-3

    1. ARTES. 2. ARTES GRÁFICAS. I. SMITH, KERI. II. TÍTULO.

13-03732   CDD: 741.6
                                  CDU: 741

[2014]

TODOS OS DIREITOS DESTA EDIÇÃO RESERVADOS À

EDITORA INTRÍNSECA LTDA.
RUA MARQUÊS DE SÃO VICENTE, 99/3º ANDAR
22451-041 – GÁVEA
RIO DE JANEIRO – RJ
TEL. / FAX: (21) 3206-7400
www.INTRINSECA.COM.BR

AVISO: DURANTE A EXECUÇÃO DESTE LIVRO VOCÊ VAI SE SUJAR. PODE SER QUE VOCÊ FIQUE COBERTO DE TINTA OU DE QUAISQUER OUTRAS SUBSTÂNCIAS ESTRANHAS. VOCÊ VAI SE MOLHAR. TALVEZ SEJA COMPELIDO A FAZER COISAS QUE CONSIDERA QUESTIONÁVEIS. PODE LAMENTAR PELO FIM DO ESTADO PERFEITO COM QUE O LIVRO CHEGOU ATÉ SUAS MÃOS. PODE COMEÇAR A VER DESTRUIÇÃO CRIATIVA EM TUDO. PODE SER QUE VOCÊ COMECE A VIVER DE FORMA MAIS TEMERÁRIA.

Agradecimentos Este livro foi feito com a ajuda das seguintes pessoas: meu marido, Jefferson Pitcher, que me dá inspiração constante para levar uma vida plena e ousada (algumas de suas ideias vieram parar aqui). Agradeço aos talentosos artistas Steve Lambert e Cynthia Yardley-Lambert, que me ajudaram a bolar ideias durante uma palestra sobre arte contemporânea. Minha editora, Meg Leder, que embarcou e acreditou neste projeto desde o início, fico muito grata por suas observações e sua sensibilidade. A minha agente, Faith Hamlim, por não perder a crença em minha visão artística/criativa. Obrigado também a Corita Kent, John Cage, Ross Mendes, Brenda Veland, Bruno Munari e Charles e Rae Eames, cujas ideias e percepções continuam a me atravessar por inteiro.

Dedicado a perfeccionistas do mundo inteiro.

ESTE LIVRO PERTENCE A:

Anne

ESCREVA SEU NOME COM TINTA BRANCA.

ESCREVA SEU NOME DE FORMA ILEGÍVEL.

ESCREVA SEU NOME EM LETRAS BEM MIÚDAS.

ESCREVA SEU NOME DE TRÁS PRA FRENTE.

ennA

ESCREVA SEU NOME COM UM TRAÇO MUITO FRACO.

ESCREVA SEU NOME EM LETRAS GRANDES.

ANNE

ENDEREÇO

Rua Pereira Barreto 791

TELEFONE

* ATENÇÃO: QUEM ENCONTRAR ESTE LIVRO DEVE ABRI-LO NUMA PÁGINA QUALQUER, SEGUIR AS INSTRUÇÕES E SÓ DEPOIS DEVOLVÊ-LO.

1. Leve este livro para todos os lugares.

2. Siga as instruções de cada página.

3. A ordem não é importante.

4. Interprete as instruções como preferir.

5. Experimente. (contrarie seu bom senso.)

materiais

ideias
chiclete
cola
terra
saliva
água
intempéries
lixo
plantas
lápis / caneta
agulha e linha
selos
adesivos
coisas grudentas
palitos
colheres
pente
arame de pão
nanquim
tinta
grama
detergente
gordura
lágrimas
gizes de cera

cheiros
mãos
barbante
bola
imprevisibilidade
espontaneidade
fotos
jornal
coisas brancas
material de escritório
cera
objetos encontrados
grampeador
comida
chá / café
emoções
medos
sapatos
fósforos
biologia
tesoura
fita adesiva
tempo
acaso
iniciativa
coisas afiadas

NUMERE AS PÁGINAS VOCÊ MESMO.

COMECE AQUI

ARREBENTE A LOMBADA.

DEIXE ESTA PÁGINA EM

BRANCO

DE PROPÓSITO.

4

SUBA AQUI.

(ESFREGUE OS PÉS E DÊ ALGUNS PULOS.)

5

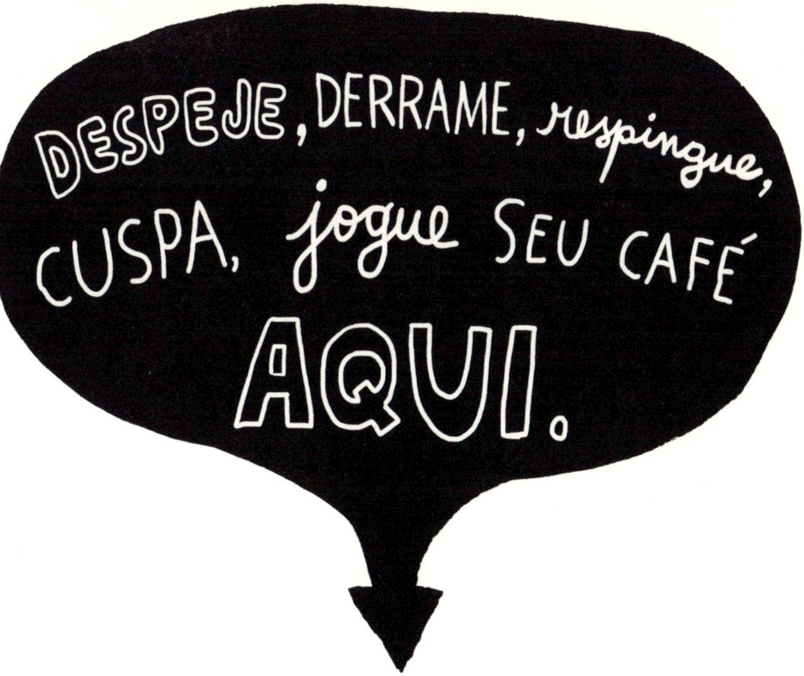
DESPEJE, DERRAME, respingue,
CUSPA, jogue SEU CAFÉ
AQUI.

8

FURE ESTA
PÁGINA
COM UM LÁPIS.

9

TRACE LINHAS GROSSAS E FINAS.

APERTE BEM O LÁPIS.

ESTA PÁGINA É PARA MARCAS DE MÃO OU IMPRESSÕES DIGITAIS. SUJE AS MÃOS E OS DEDOS E PRESSIONE.

13

14

ESTA PÁGINA INTEIRA É PARA COLORIR.

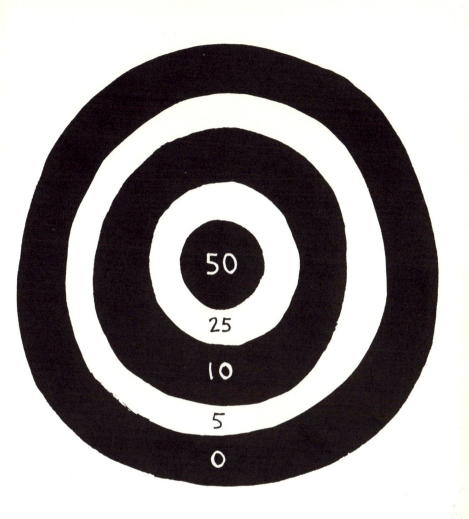

JOGUE ALGUMA COISA

UM LÁPIS, UMA BOLA SUJA DE TINTA.

17

ARRANHE

COM UM OBJETO AFIADO.

ESFREGUE UM POUCO COM UM LÁPIS.

24

RABISQUE COM SELVAGERIA, VIOLÊNCIA, com DESCASO IMPETUOSO.

FAÇA TIRAS
RASGUE TUDO!

27

28

COLE, grampeie (ou) prenda estas **PÁGINAS** com fita adesiva.

trace linhas quando

NUM ÔNIBUS, NUM

ESTIVER EM MOVIMENTO

TREM, CAMINHANDO.

ENCHA ESTA PÁGINA DE CÍRCULOS.

Registre seu jantar.

ESFREGUE, LAMBUZE, ESPALHE COMIDA.

USE ESTA PÁGINA COMO GUARDANAPO.

36

MASTIGUE *isto.*

↓

*AVISO: NÃO ENGULA.

FAÇA UM COPINHO.

BEBA UM POUCO D'ÁGUA.

1. CORTE.

2. ENROLE & COLE COM FITA ADESIVA.

3. ACRESCENTE ÁGUA & BEBA.

39

ARRANQUE FORA

A MASSE.

41

42

assim)

EMBRULHE *algo*

COM ESTA PÁGINA.

46

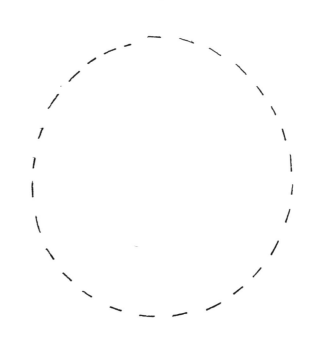

PINTURA COM A LÍNGUA

1. COMA UMA BALA COLORIDA.
2. LAMBA ESTA PÁGINA.

47

ESCREVA UMA PALAVRA

48

VÁRIAS VEZES.

49

AMARRE UM

BARBANTE NA *lombada* DESTE LIVRO.

GIRE-O

LOUCAMENTE

DEIXE-O BATER NAS PAREDES.

PEGUE O
DIÁRIO
SEM
USAR AS
MÃOS.

54

56 adube esta página.

observe-a se deteriorar.

FAÇA UM desenho

(ESCOLHA UM TEMA DESAGRADÁVEL: UM DESENHO TOSCO,

MUITO FEIO

GOSMA, COCÔ, COISAS MORTAS, MOFO, VÔMITO, PORCARIAS.)

59

60

FAÇA DE CONTA
QUE ESTÁ RABIS-
CANDO NO VERSO
DE UM ENVELOPE
ENQUANTO FALA
AO TELEFONE.

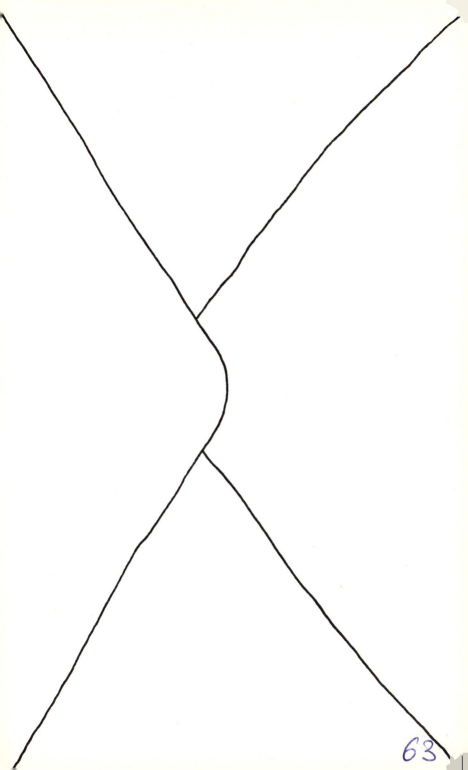

63

64

faça uma corrente de papel.

REÚNA
AQUI
ADESIVOS
DE FRUTAS.*

* ADESIVOS QUE VÊM NAS FRUTAS QUE VOCÊ COMPRA.

69

CUBRA ESTA PÁGINA APENAS

70

COM MATERIAIS DE ESCRITÓRIO.

71

LEVE ESTE LIVRO PARA O CHUVEIRO.

VÁ PASSEAR.

ARRASTE-O.

AMARRE UM BARBANTE NO DIÁRIO.

76

Como vaí M

Hoje   Hoje

       Hoje   direita
       esquerda

       como vaí

   Caneta

   Caneta

77

ESFREGUE TERRA AQUI.

78

testar

CANETAS, TINTAS, MARCADORES
DE TEXTO OU ARTIGOS DE PINTURA.

PINGUE
ALGUMA
COISA AQUI.
(NANQUIM, TINTA, CHÁ)
FECHE O LIVRO PARA
FORMAR UMA
IMAGEM.

84

Costure esta página

84

cole AQUI UMA PÁGINA DE JORNAL QUALQUER.

85

UM LUGAR PARA SUAS LISTAS DE SUPERMERCADO.

REÚNA AQUI OS SELOS DE TODAS AS CARTAS QUE VOCÊ RECEBEU.

89

DESENHE O CONTORNO DOS OBJETOS DENTRO DA SUA BOLSA (OU SEUS BOLSOS). DEIXE AS LINHAS SE SOBREPOREM.

CUBRA ESTA PÁGINA

92

COM COISAS BRANCAS.

94

rabisque loucamente usando apenas canetas emprestadas.

(registre de onde elas vieram.)

96

FAÇA UM MOVIMENTO BRUSCO, DESTRUTIVO, IMPREVISÍVEL COM O DIÁRIO.

97

FAÇA UMA BAGUNÇA.
DEPOIS ARRUME.

99

FAÇA RABISCOS EM CIMA:

- ☐ DA CAPA.
- ☐ DA PÁGINA DE ROSTO.
- ☐ DAS INSTRUÇÕES.
- ☐ DA PÁGINA DE CRÉDITOS.

DOBRE A ORELHA DE SUAS PÁGINAS FAVORITAS.

Página de pensamentos felizes.

 IMPRESSÕES COM LEGUMES
E UMA ALMOFADA DE CARIMBO.

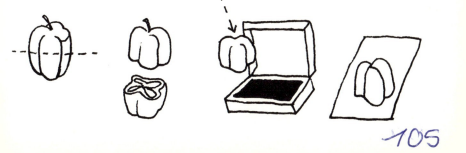

PEÇA PARA UM AMIGO FAZER ALGO **DESTRUTIVO** COM ESTA PÁGINA. NÃO OLHE.

ESCREVA SEM SE PREOCUPAR. AGORA.

COLE OBJETOS DIVERSOS AQUI.

(ou seja, coisas que estão no seu sofá, na rua etc.)

arranque esta página.

COLOQUE-A NO BOLSO.

PONHA A ROUPA PARA LAVAR.

COLE A FOLHA AQUI DE NOVO.

114

CORTE VÁRIAS CAMADAS

aplique nesta
página um aroma
de sua
preferência.

117

PINTE POR
FORA DA LINHA.

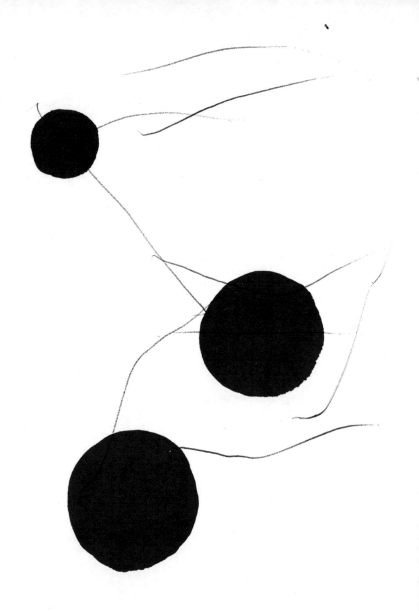

FECHE OS OLHOS.

120

USE A MEMÓRIA PARA
LIGAR OS PONTOS.

PENDURE O DIÁRIO NUM LOCAL PÚBLICO.
PEÇA PARA OUTRAS PESSOAS DESENHAREM AQUI.

122

PEGUE OS FIAPOS DENTRO

COLE AQUI.

↙ ↓ ↓ ↘

DE SEUS BOLSOS.

126

Contorune

SUA

imagi

127

128

desenhe com COLA.

129

SELECIONE AMOSTRAS DIVERSAS DE SUBSTÂNCIAS ENCONTRADAS EM SUA CASA.

REGISTRE O QUE ELAS SÃO.

CRIE CATEGORIAS DE CORES.

DESCREVA EM DETALHES

UM EVENTO CHATO.

134

CRIE UM DESENHO COM UM FIO (OU VÁRIOS) DE SEU CABELO.

COLOQUE A
FOTO AQUI.

cole uma foto sua
da qual você não gosta.
DESFIGURE.

TRACE **LINHAS** COM ANORMAIS PARA ESCRITA OU **TINTA.** (PALITOS, COLHERES

138

UTENSÍLIOS
MERGULHADOS EM NANQUIM
(ARAMES, PENTES ETC.)

139

140

preencha esta página quando estiver com muita RAIVA.

ESCREVA ou DESENHE

COM A MÃO ESQUERDA,

DÊ UM JEITO DE VESTIR O DIÁRIO.

esta página é um letreiro.
o que você quer que ele exiba?

PARTIDA

FAÇA UMA LINHA CONTÍNUA.

150

ESPAÇO PARA COMENTÁRIOS NEGATIVOS.*

(* O QUE SEU CRÍTICO INTERIOR ESTÁ DIZENDO?)

151

152

DESENHE LINHAS COM CANETA OU LÁPIS.

LAMBA O DEDO
E BORRE
AS LINHAS.

154

DESFAÇA-SE DESTA PÁGINA.

(JOGUE-A FORA)

ACEITE A PERDA.

PÁGINA *para* ESCREVER PALAVRÕES.

COLE AQUI UMA PÁGINA DE REVISTA.

CIRCULE AS PALAVRAS DE QUE VOCÊ GOSTA.

escreva com a caneta na boca.

261 anigá9

iznarᖶ

odadiuC

a   inel

ennA

acuol é

imaM

rot·siV ipaP

im O
ipO
amo
apO

oſiriɒ
esse
Dostmno

162

oiráiDod otium ietsog uE

U ♡ I

yratnemelE

seiraiD eripmav ehT

se mloH   kcolrehS

regit + aknil ∧
.etnerf a arap sárt ed avercsE

165

REGISTRE O PASSAR DO TEMPO.

167

ESTE ESPAÇO É DEDICADO

AO MONÓLOGO INTERIOR.

16a

ESFREGUE ESTA PÁGINA.

ESCONDA UMA MENSAGEM SECRETA EM ALGUM LUGAR DESTE LIVRO.

173

DURMA COM O DIÁRIO.

(Descreva a experiência aqui.)

175

FECHE O DIÁRIO.

ESCREVA/RABISQUE ALGO NAS LATERAIS.

177

FAÇA UMA LISTA COM OUTRAS MANEIRAS
DE DESTRUIR ESTE DIÁRIO.

1.

2.

3.

4.

5.

6.

7.

8.

9.

10.

11.

12.

HISTÓRICO DE MANCHAS

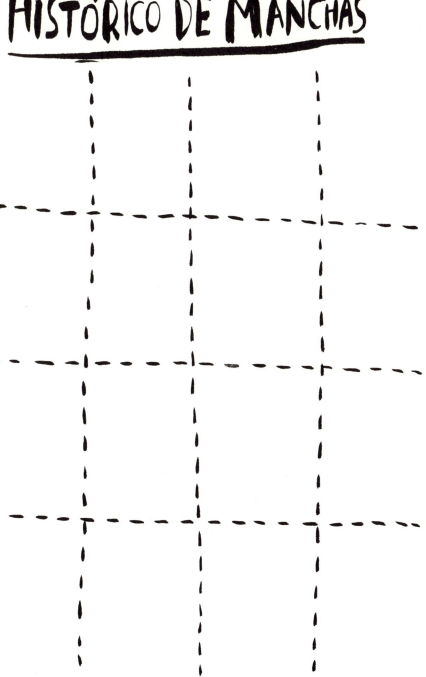

RABISQUE NO ALTO
DESTA PÁGINA ↓↓↓ E NAS MARGENS.

Este não é um texto importante. A autora desta obra está escrevendo com a intenção de criar um material com pouco ou nenhum significado. É apenas uma espécie de textura que você, leitor, deve encarar como uma tela. A esperança é que isto simule um livro que está gravado em sua memória, um livro de sua infância, aquele em que você escrevia em segredo com seus gizes de cera. Talvez você tenha levado uma bronca por aquilo.

Poderia ser seu primeiro livro escolar, que você desfigurou com a caneta. Não foi culpa sua. O destino dos livros escolares é serem desfigurados, faz parte da natureza deles. Ninguém pode criticar você. Tudo que é chato como um livro escolar merece tudo o que recebe.

Você está lendo isto? Deveria estar desfigurando a página. Pare de ler imediatamente! Aproveite a chance de desfigurar algo.

Talvez não pareça tão sedutor porque alguém está mandando. Se for o caso, eu exijo que você pare de desenhar agora mesmo! Se fizer mais uma marca na página, a autora em pessoa vai proibi-lo de ler qualquer dos próximos livros dela para sempre (ou pelo menos enquanto ela continuar a fazê-los, o que deve ser por um bom tempo).

Você pode fazer muitas coisas mais benéficas do que desfigurar esta página. Para citar alguns exemplos, você poderia ir ao dentista, limpar a geladeira, lavar as janelas, varrer embaixo da cama, ler a obra completa de Proust, arrumar os mantimentos por ordem alfabética, conduzir um estudo científico sobre a polimerização e os efeitos dela no mundo, organizar seus envelopes pelo tamanho, contar quantas folhas de papel você tem, juntar os pés de todos os pares de meias, documentar os fiapos em seus bolsos (ah, sim, você já fez isso no livro), retornar a ligação da sua mãe, aprender uma nova língua, gravar a si mesmo enquanto dorme, rearrumar a mobília para imitar uma rodoviária, experimentar formas de sentar que você nunca tinha tentado antes, ficar correndo sem sair do lugar durante uma hora, fingir que é um agente secreto, decorar o interior da geladeira, desenhar com giz uma porta falsa na parede, conversar com os animais da vizinhança, escrever um discurso de agradecimento por um prêmio no futuro, andar até o mercadinho da esquina o mais lentamente possível, escrever uma carta de incentivo para seu carteiro, colocar um bilhete secreto em algum livro da biblioteca, praticar exercícios para fortalecer os dedos, vestir-se como seu escritor preferido, cheirar o interior do nariz, memorizar uma gramática, sentar-se na varanda de casa com um cartaz no qual se leia "Se amar os pássaros, buzine", registrar por escrito as plantas que fazem parte de sua vida, cheirar este livro, dormir, fingir que é um astronauta famoso.

DESCUBRA UMA MANEIRA DE JUN TAR ESTAS DUAS PÁGINAS.

ESFREGUE ESTA PÁGINA NUM CARRO SUJO

187

COLE UM MONTE DE LETRAS "W" AQUI.

X REÚNA
INSETOS
MORTOS
AQUI.

191

BATUQUE COM UM LÁPIS NESTA PÁGINA

194

FAÇA ESTA PÁGINA FLUTUAR.

DÊ UM JEITO DE CONGELAR ESTA PÁGINA.

ESCONDA ESTA PÁGINA NO QUINTAL DO VIZINHO.

DEIXE O DIÁRIO ROLAR DE UMA GRANDE LADEIRA.

VENDA ESTA PÁGINA.

206

DESLIZE O DIÁRIO

(COM ESTA PAGINA PARA BAIXO)

POR UM LONGO CORREDOR.

207

ESPREMA ALGO COLORIDO NESTA PÁGINA.

209

ESGUICHE LÍQUIDO AQUI (TENTE USAR A BOCA).

211

ENCHA ESTA PÁGINA DE FITA ADESIVA

(CRIE ALGUM TIPO DE DESENHO).

Q-14

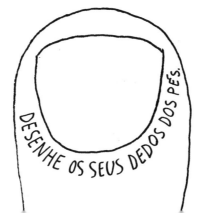

DESENHE OS SEUS DEDOS DOS PÉS.

1ª EDIÇÃO	NOVEMBRO DE 2013
IMPRESSÃO	RR DONNELLEY
PAPEL DE MIOLO	PÓLEN BOLD 90G/M^2
PAPEL DE CAPA	CARTÃO SUPREMO ALTA ALVURA 250G/M^2
TIPOGRAFIA	KERISMITH